DÉFENSE DU PONT DE CHARENTON

LE 30 MARS 1814

Par le BATAILLON de L'ÉCOLE VÉTÉRINAIRE D'ALFORT

(71ᵉ ANNIVERSAIRE)

Lu en présence de MM. les Élèves, dans le grand amphithéâtre de l'École,

le 30 Mars 1885, à dix heures du matin

Par M. Armand GOUBAUX

DIRECTEUR DE L'ÉCOLE VÉTÉRINAIRE D'ALFORT

———

Extrait du Recueil de Médecine Vétérinaire. — Nᵒ du 15 Avril 1885

———

ASSELIN ET HOUZEAU

LIBRAIRES DE LA SOCIÉTÉ CENTRALE DE MÉDECINE VÉTÉRINAIRE

Place de l'École-de-Médecine

DÉFENSE DU PONT DE CHARENTON

LE 30 MARS 1814

PAR LE BATAILLON DE L'ÉCOLE VÉTÉRINAIRE D'ALFORT

(71ᵉ ANNIVERSAIRE)

*Lu en présence de MM. les Élèves, dans le grand amphithéâtre
de l'École, le 30 mars 1885, à dix heures du matin.*

Par M. Armand GOUBAUX,

DIRECTEUR DE L'ÉCOLE VÉTÉRINAIRE D'ALFORT.

MESSIEURS,

Il y a déjà plus d'un siècle que les Écoles vétérinaires ont été créées
en France par Claude Bourgelat, et pendant cette longue période les
documents qui ont trait à leur fondation, à leurs corps enseignants,
aux élèves, ont été disséminés un peu partout. Mon intention est de
les réunir.

Depuis longtemps, j'en possède d'assez nombreux, et c'est pour arri-
ver à faire l'histoire de ces établissements que je me suis assuré le
concours de M. Vignardou, l'un des répétiteurs chefs des travaux de
l'École d'Alfort.

Parmi ces documents, il en est qui sont relatifs à la part si honorable
qu'ont prise les élèves à la défense du Pont de Charenton, le 30 mars 1814.
Je vous ai promis de vous faire connaître comment les élèves y ont con-
couru; c'est ce dont je vais m'occuper aujourd'hui, précisément soixante

et onze ans après que l'événement s'est accompli. C'est là un glorieux anniversaire pour notre École : il a été trop ignoré jusqu'ici !

La relation que j'ai l'honneur de vous lire est basée sur les renseignements qui m'ont été fournis par MM. Urbain Leblanc et Mangot, qui étaient élèves à l'époque dont il s'agit et ont pris part au combat, par la famille de J.-B. Huzard, inspecteur général des Écoles vétérinaires, et enfin sur ceux que j'ai puisés dans les registres de l'École. Je les ai tous contrôlés avec le plus grand soin : ils sont authentiques.

I

Je rappellerai d'abord, aussi brièvement que possible et sans entrer dans les détails politiques, quel était l'état de la France au commencement de l'année 1814.

La France avait été envahie par les armées ennemies, et déjà plusieurs batailles avaient eu lieu.

Après la sanglante bataille d'Arcis-sur-Aube (20 mars 1814), où 20,000 Français tinrent tête à 90,000 ennemis, Napoléon se retira sur la Lorraine. Son intention était d'y reconstituer son armée afin de placer les alliés entre Paris et lui. Il comptait que ceux-ci le poursuivraient et donneraient ainsi à la capitale le temps de préparer une sérieuse résistance.

L'armée de Blücher et celle de Hanovre commandée par le prince Schwarzenberg purent se réunir.

Deux alternatives se présentèrent alors aux alliés : marcher vers Napoléon ou s'avancer vers Paris. Ce dernier parti prévalut. Trois colonnes furent organisées : l'une, commandée par Blücher, marcha sur Paris, en suivant la route de Soissons pour attaquer Saint-Denis et Montmartre; la deuxième colonne suivit la route de Meaux, sous le commandement du prince Schwarzenberg, et eut pour objectif Romainville, Pantin et La Villette; enfin, la troisième colonne, commandée par le prince royal de Wurtemberg, s'achemina par Chelles, Nogent et Vincennes pour aller occuper Montreuil et Charonne.

II

En 1814, les élèves de l'École d'Alfort étaient très nombreux. Quelques-uns avaient été déjà soldats; d'autres, ayant déjà perdu un ou plusieurs frères dans les guerres de l'Empire, étaient entrés à l'École pour éviter la conscription. Mais, depuis le mois de janvier jusqu'au milieu de celui de mars, un certain nombre d'entre eux furent rappelés dans leurs familles. Il en fut de même après la Restauration des Bourbons.

Au commencement du mois de février, les élèves étaient au nombre de 370. Quelques jours plus tard, il n'y en avait plus que 245.

Indépendamment des études scientifiques, ils se livraient à des exercices militaires, et on les divisa en trois compagnies. Des sous-officiers de l'armée furent chargés de les dresser aux manœuvres. Quelques habitants d'Alfort, de Charenton et de Saint-Maurice avaient été admis à se joindre à eux pour faire l'exercice et ils participèrent à la bataille du Pont de Charenton. On a retenu les noms de quelques-uns; ce sont les suivants :

Burand, fils d'un fabricant de produits chimiques demeurant à Saint-Maurice ;

Fleurimont, fils du maître maçon de l'École, qui habitait aussi Saint-Maurice ;

Dabrigeon, ancien maréchal du train des équipages militaires, qui avait son atelier de maréchalerie en face de l'École;

Enfin, on cite deux enfants du pays, âgés de douze à quatorze ans, qui étaient attachés aux compagnies comme tambours. Je regrette bien qu'on n'ait pas conservé les noms de ces deux jeunes héros, car j'aurais été heureux de les inscrire ici pour rendre hommage au courage dont ils ont fait preuve en battant la charge pendant toute la durée de la bataille du 30 mars.

Le 14 février, le major commandant d'armes à Charenton vint prévenir M. J. Girard, directeur-adjoint, que les élèves étaient mis à la disposition du Ministre de la Guerre, et qu'il était chargé de les organiser en compagnies. Les élèves, qui avaient été réunis pour entendre cette communication, l'accueillirent avec une chaleur qui fait honneur à leur patriotisme.

Immédiatement après, placés sur trois rangs, ils furent passés en revue. On fit se retirer tous ceux qui étaient trop faibles pour porter les armes; il en resta 274 qui formèrent tout de suite trois compagnies. Le commandant d'armes leur assura qu'ils seraient très prochainement armés, par ordre du Ministre de la Guerre.

Le 19 février, les élèves furent organisés en un *Bataillon* dit de *l'École vétérinaire d'Alfort*, constitué de la manière suivante :

1°. — GRAND ÉTAT-MAJOR.

Un chef de bataillon.

Un adjudant-major.

Un officier payeur.

Un chirurgien aide-major.

Un sous-aide.

2°. — PETIT ÉTAT-MAJOR.

Deux adjudants sous-officiers.

Un tambour maître.

Quatre ouvriers.

3°. — COMPOSITION DE CHAQUE COMPAGNIE.

Un capitaine.

Un lieutenant.

> Un sous-lieutenant.
>
> Un sergent major.
>
> Quatre sergents.
>
> Un fourrier.
>
> Huit caporaux.
>
> Deux tambours.

On n'a conservé que les noms de CAPLACY, surveillant de l'École, qui remplissait les fonctions d'officier et n'a jamais quitté les élèves, et de HENRY ORÉ, ancien élève de Saint-Cyr, qui était capitaine. Ce dernier était un ancien camarade de collège et un compatriote de Urbain Leblanc.

Les élèves furent armés peu de temps après, au commencement du mois de mars, où l'École reçut 260 fusils et 8.000 cartouches.

A partir de ce moment, ils firent l'exercice tous les jours de 2 à 4 heures, et les cours furent, par la force des choses, suspendus. Ils étaient de garde au moins deux jours sur cinq. On leur faisait faire des patrouilles de nuit ou des escortes de prisonniers : il en est qui sont allés jusqu'à Meaux pour faire de ces escortes. La plupart étaient exténués par un service aussi actif.

Le 17 mars, il y avait 293 élèves présents à l'École.

Vers la fin du mois, tout le personnel, professeurs et employés, était allés demeurer soit à Paris, soit à Charenton. L'École était devenue un établissement absolument militaire ou une caserne.

III

Paris était dans la plus grande perplexité. L'approche de l'ennemi y mit le comble. Joseph Bonaparte et Clarck, Ministre de la Guerre, s'occupèrent bien à organiser la défense, mais ils ne surent pas employer toutes les ressources que pouvait leur offrir la capitale.

Paris n'avait pour se couvrir que 20 ou 25,000 hommes de troupes, débris des armées des maréchaux Marmont et Mortier. Ceux-ci s'étaient laissé séparer de l'armée de Napoléon par une fausse manœuvre, entre Reims et Fismes, et étaient venus, à travers mille dangers, sous les murs de la capitale.

La population parisienne demandait des armes : mais on ne sut pas donner satisfaction à ce désir patriotique, quoique plus de 200 pièces de canon et des munitions furent disponibles à Vincennes. Il n'y eut réquisition ni d'armes, ni de chevaux. Cependant Paris, barricadé comme en temps de révolution, soutenu par ce qui restait de troupes, sous le commandement de maréchaux habiles comme Marmont et Mortier, pouvait offrir une résistance sérieuse d'une durée de quelques jours. C'était au moins une chance à tenter. Au lieu de cela, il fut décidé que la bataille aurait lieu hors de Paris.

Le maréchal Moncey fut le seul qui fit barricader par de forts pieux la barrière de Clichy, et se disposa à la défendre avec 3.000 gardes nationaux. On mit aussi des canons sur les hauteurs de Montmartre, des Buttes-Chaumont et de Charonne.

Tels furent les préparatifs pour protéger la ville de Paris.

IV

Avant d'examiner ceux qui furent exécutés pour la défense du Pont de Charenton, il faut jeter un coup d'œil sur ce pont et les parties environnantes.

Le *Pont de Charenton* se composait de cinq arches : deux, en pierre, du côté d'Alfort, et trois en bois, du côté de Charenton. Il était à la même place et avait la même direction que celui d'aujourd'hui, qui a été construit de 1860 à 1864. La place d'Alfort était horizontale, mais il y avait une légère montée sur la première arche qu'on appelait *marinière*, du côté d'Alfort.

Il ne portait plus de moulins depuis 1809. Il était élevé relativement aux parties voisines, du côté de Charenton. Au niveau de la maison Tartié, il y avait un tourniquet qui ne permettait que le passage des piétons, et là se trouvait un escalier en pierre, haut de deux étages environ, qui aboutissait à la route des Carrières-Charenton. Cette route se terminait en cul-de-sac du côté du pont. Les deux premières arches passaient sur la Marne ; les dernières sur un petit bras de la Marne qui a été canalisé en 1848 et en 1849.

Du côté de l'eau, *Charenton-le-Pont*, avait à peu près le même aspect qu'aujourd'hui, mais il faut tenir compte cependant, que des remblais ont été faits pour élever la route des Carrières jusqu'au tablier du pont, et qu'on y a construit plusieurs maisons.

La commune *de Saint-Maurice*, qui à cette époque s'appelait Charenton-Saint-Maurice, n'avait, du côté du petit bras de la Marne, que quelques maisons, écartées les unes des autres, et laissant voir dans la grande rue lorsqu'on était placé du côté d'Alfort.

L'espace compris entre les deux bras de la Marne était une île, occupée par de beaux jardins, en communication avec les maisons de Saint-Maurice par des ponceaux jetés sur le petit bras de la rivière.

La montagne de Saint-Mandé, qui sépare la commune de Charenton-le-Pont de celle de Saint-Maurice, avait une pente beaucoup plus rapide qu'aujourd'hui. Il n'y avait de maisons qu'à sa partie inférieure : deux du côté droit et trois du côté gauche.

Le bois de Vincennes était complètement entouré de murs ; il n'y avait de portes que pour établir des communications avec les villages voisins.

A *Alfort*, il n'y avait pas de maisons sur le bord de l'eau, mais il y en avait, à droite et à gauche, jusqu'à la rue de Creteil.

La route d'Ivry n'existait pas encore, car elle n'a été ouverte que lorsqu'on a construit le pont d'Ivry.

Plus loin, à gauche, se trouvait, où elle se trouve encore, l'École vétérinaire. A droite, il y avait seulement six maisons à partir de la route actuelle d'Ivry jusqu'à l'entrée de Maisons.

La route de Maisons était large, comme elle l'est encore aujourd'hui, et elle était bordée, à droite et à gauche, par une simple rangée d'ormes, assez hauts et volumineux.

Tout ce qui est compris entre la route de Maisons et la Seine était, à cette époque, occupé par des prairies et des terres cultivées.

Les préparatifs de la défense du Pont de Charenton furent les suivants :

Une batterie d'artillerie fut placée à l'extrémité du pont, du côté d'Alfort ; les bouches à feu étaient dirigées du côté de Saint-Maurice.

Cette batterie, servie par des canonniers garde-côtes était à découvert, sans même un épaulement pour la garantir contre le feu de l'ennemi.

A la tête du pont, du côté de Charenton, était établie une palissade, formée par d'épais madriers, débités dans les troncs des superbes arbres qui bordaient la route d'Alfort à Maisons. Sur chacun des côtés de cette palissade, il y avait une meurtrière où se trouvait une pièce de canon chargée à mitraille.

Le milieu du pont, à l'endroit où commençait la partie formée de charpentes, était miné. La mèche de la mine se trouvait du côté d'Alfort.

Des meurtrières avaient été établies dans toute la longueur des murs de l'École, et comme ces murs étaient construits avec de la pierre et de la terre, leur force de résistance se trouvait diminuée considérablement ; on craignit plus tard qu'ils ne s'écroulassent d'eux-mêmes.

V

Les choses en étaient arrivées à ce point que tout faisait prévoir l'arrivée très prochaine des armées ennemies dans le voisinage de Paris

Le temps était froid, et il était tombé de la neige à plusieurs reprises.

Le matin du 30 mars, l'ennemi fut signalé.

On servit aux élèves un bon déjeuner, et on leur distribua une ration d'eau-de-vie. Bientôt après, le *bataillon de l'École vétérinaire* sortit. De ses trois compagnies, l'une fut envoyée à Saint-Maurice ; la deuxième sur la route de Saint-Mandé, et enfin la troisième resta, comme réserve, sur le Pont de Charenton.

Quelques soldats du 58e régiment de ligne, très fatigués, se trouvèrent mêlés aux élèves.

L'ennemi, dont une partie avait tourné le bois de Vincennes, déboucha sur le coteau de Saint-Maurice à dix heures du matin. Le major Renard, commandant le bataillon d'Alfort, ouvrit le feu par un coup de pistolet. Il fut blessé presque aussitôt, lorsque l'ennemi riposta. Une balle vint le frapper dans la région de l'aine, mais fort heureusement le coup fut amorti par des pièces de monnaies qu'il avait dans la poche de son pantalon. La région atteinte n'en fut pas moins fortement contusionnée, et cependant le commandant Renard continua à rester sur le champ de bataille et à donner des ordres.

Lorsque l'ennemi fut descendu dans le bas de Saint-Maurice, il y fut reçu par une vive fusillade. Les élèves étaient protégés par les maisons et surtout par les arbres placés dans toute la longueur de la maison de santé de Charenton, dont l'ensemble couvrait une assez jolie promenade connue sous le nom de *Préau*. Ils se replièrent ensuite vers le pont, en suivant la grande rue de Saint-Maurice, et, dès qu'ils furent abrités par les maisons situées sur le bord du petit bras de la Marne, l'ordre fut donné à la batterie d'artillerie d'ouvrir son feu à travers es espaces que les maisons laissaient entre elles. Alors l'ennemi s'arrêta et dirigea ses coups sur la batterie. Celle-ci cessa bientôt son feu, les canonniers ayant été rapidement mis hors de combat.

Les élèves placés sur le pont, et protégés par les parapets, avaient vigoureusement secondé l'artillerie. Cette première partie de la bataille dura peu de temps.

Pendant qu'elle avait lieu, une nouvelle colonne ennemie avait longé les murs du bois de Vincennes, et venait déboucher sur la route de Saint-Mandé. Le bataillon de l'École vétérinaire d'Alfort donna alors tout entier, à la fois. On se battit au fusil et à la baïonnette. La pièce d'artillerie mobile que servait DABRIGEON, le maréchal-ferrant d'Alfort, revêtu de son ancien uniforme de soldat du train des équipages militaires, fut prise et reprise : elle fit beaucoup de mal à la colonne ennemie, composée de grenadiers hongrois. Enfin, il fallut céder au nombre ! le bataillon d'Alfort laissa une trentaine de prisonniers et quelques morts. Parmi ces derniers se trouvait le capitaine HENRY ORÉ.

Ce dernier combat fut aussi de courte durée, mais très meurtrier ; il fut remarquable par les pertes énormes que fit l'ennemi, pertes qui furent certainement dues à la situation qu'il occupait sur la route de Saint-Mandé. Les Hongrois étaient en haut de la montagne qui porte le nom de ce village ; ils tiraient au-dessus de la tête des élèves, et leurs projectiles allaient se perdre dans la plaine ; quelques-uns atteignirent les maisons d'Alfort, aussi la plupart des élèves blessés furent ceux qui se trouvaient dans les derniers rangs. L'ennemi ne connaissait pas le terrain, et ne pouvait rien voir à cause de l'épaisseur de la fumée.

C'est à ce moment surtout que les deux petits tambours, dont j'ai déjà parlé, battirent la charge, avec une vigueur très soutenue, pendant le plus fort de l'affaire.

Dès que l'ordre de battre en retraite fut donné, et que les élèves eurent franchi les palissades, les portes et les meurtrières furent fermées. L'ennemi ne les poursuivit pas immédiatement ; il craignit sans doute qu'on fit sauter le pont ; il descendit la montagne au pas ordinaire. C'est alors qu'un élève, tellement blessé qu'il avait peine à suivre ses camarades, s'arrêta près de l'une des pièces placées à la tête du pont, et y mit le feu avec la pierre de son fusil. Il envoya ainsi une bordée de mitraille sur la colonne hongroise, et l'arrêta quelques instants dans sa marche. Malgré les plus minutieuses recherches, il m'a été impossible de retrouver le nom de ce brave.

Le feu cessa, et pendant ce temps les nôtres cherchèrent en vain à faire sauter le pont, en allumant la mèche de la mine. On a prétendu depuis qu'il n'y avait pas de poudre, et on attribua le fait à la trahison.

Ce fut à la faveur de ce moment de calme que l'on pût transporter à l'École les élèves qui avaient été gravement blessés. Urbain Leblanc, Cailleux (de Caen) dont on a conservé les noms, et quelques autres furent chargés de faire ces transports qui eurent lieu sur des brancards formés par des fusils. Voici les noms des élèves tués ou blessés :

1° PIGEON (Jean-Marie), né à Sceaux, département de la Seine, qui avait reçu un biscaën dans le côté droit de la poitrine, mourut le lendemain (31 mars) à l'infirmerie de l'École. Il fut enterré dans le parc de l'établissement par les soins de M. J. Girard, directeur-adjoint.

2° RABAT (Nicolas Éléonore), né à Roissy, département de Seine-et-Oise, fut blessé par une balle qui lui fractura la jambe gauche. Il guérit, reprit ses études et les termina à Alfort.

3° CROSNIER (Renier-Julien-Germain), né à Paris, fut blessé par une balle et mourut dans sa famille dans le courant du mois d'avril.

4° LHERBETTE, grenadier, né à Nevers, département de la Nièvre, mourut le 8 avril suivant à l'hôpital Saint-Jacques, à Paris, des suites de ses blessures.

5° MONTAGNE (Charlemagne), né à Fouquières, département du Pas-de-Calais, mourut à Choisy-le-Roy, le 8 avril suivant, à la suite des blessures qu'il avait reçues.

6° MOYEMONT (Jean-Baptiste), né à Douai, département du Nord mourut à l'hospice de la Faculté de Paris, le 23 avril suivant. Il avait été affecté de la fièvre d'hôpital à la suite de ses blessures du 30 mars.

7° REIGNIER (Pierre-Nicolas), né à Boisguilbert, département de la Seine-Inférieure, mourut des suites de l'affaire du 30 mars, dans sa famille, au mois de juin ou de juillet.

8° Enfin, MANGOT (Hyacinthe-Cyprien), né à Hangard, département de la Somme, reçut une très forte contusion à l'épaule droite. Il tenait son fusil en joue, lorsqu'un boulet cassa la palissade et lui fit tomber son arme. Cette blessure n'eut aucune suite fâcheuse.

Vous venez de voir les résultats des blessures que les élèves dont j'ai cité les noms reçurent à la défense du Pont de Charenton mais les pertes furent malheureusement plus nombreuses qu'on serait tenté de le croire par l'exposé précédent.

Renard, le commandant du bataillon d'Alfort, battit en retraite, malgré sa blessure, jusqu'à la rive droite de la Seine, en face du port à l'Anglais, et on l'embarqua dans un petit bateau. Ceux qui ne purent y trouver place avec lui, voyant se répandre dans la prairie quelques tirailleurs ennemis, se décidèrent à franchir le fleuve à la nage ; l'un d'eux, LOMBARD (Anne-Ferdinand-François), né à Autun, Saône-et-Loire, s'y noya.

Le même jour, quatre-vingt-dix-sept élèves, sous les ordres de CA-PLACY, surveillant de l'École qui remplissait les fonctions de capitaine dans l'une des compagnies, furent conduits à Blois, où se trouvaient l'impératrice Marie-Louise et le roi de Rome. Cette compagnie fut licen-ciée le 5 avril, par ordre de M. de Montalivet, ministre de l'intérieur ; je dirai plus loin dans quelles conditions elle rentra à l'École.

Un grand nombre d'élèves, qui avaient pu gagner Paris, se rendirent chez J.-B. Huzard, inspecteur général des Écoles vétérinaires, rue de l'Éperon, n° 5 ; ils y furent reçus, y eurent un asile, en même temps qu'il fut pourvu à tous leurs besoins jusqu'à ce qu'ils pussent rentrer à l'École ou se rendre dans leurs familles.

Les élèves qui avaient transporté leurs camarades blessés restèrent à l'École. Le soir, ils étaient seulement au nombre de huit à dix ; ils durent faire leur cuisine et subvenir à tous leurs besoins, ainsi qu'à ceux des blessés.

Dans la nuit qui suivit la bataille, on entendit beaucoup de bruit à la grille de l'entrée de l'École ; on secouait celle-ci avec violence en demandant des secours pour les habitants de Charenton ; on réclamait la pompe pour combattre un incendie qui venait d'éclater dans la rue de Paris, chez Lacour, épicier, fournisseur de l'École. La pompe fut donnée et trois élèves l'accompagnèrent ; ils revinrent le matin, harassés de fatigue et presque tout nus ; ils avaient été très maltraités par les soldats ennemis, qui regardèrent les progrès de l'incendie avec la plus complète indifférence, sans contribuer à son extinction. Cet incendie dura trois jours, et c'est pendant sa durée que disparut la caisse de l'École, qui avait été transportée dans la maison Lacour, par M. Corroy, régisseur. M. Corroy avait installé son domicile dans cette même maison.

A son retour de Blois, Caplacy remit au Directeur-adjoint un état nominatif des élèves qui portait que quatre d'entre eux avaient été blessés ; ce sont :

Michel (Pierre-Pacifique), né à Vienne-la-Ville, département de la Marne, blessé assez gravement.

Gaudineau (Pierre-Geoffroy), né à Fontenay, département de la Vendée.

De Greuve (Jean-Charles-Libertas), né à Amsterdam, département de Zuiderzée.

Et Morand (Sébastien), né à Notre-Dame-de-Bourson, département du Calvados.

Je n'ai trouvé aucun renseignement relatif aux suites de leurs blessures.

Des élèves qui avaient été faits prisonniers furent rendus quelques jours après la bataille : ils avaient été très maltraités et dépouillés de la plupart de leurs effets. L'un d'eux, Rhodes (Jean-Baptiste), né à Plaisance, département du Gers, qui était alors répétiteur, « a été con-« duit deux fois sur le terrain pour être fusillé. L'impression qu'il en a « éprouvée lui a dérangé la tête, et il est à craindre qu'il ne puisse « pas exercer l'art vétérinaire ». J'ai tenu à reproduire les notes pré-cédentes, qui sont consignées sur le registre de l'École. Rhodes a exercé la médecine vétérinaire, mais il s'est toujours ressenti de la frayeur que lui avaient causée les faits que je viens de relater.

Enfin, dans les quelques jours qui suivirent la bataille, il y eut des difficultés diverses qui se présentèrent et que J. Girard, directeur adjoint, avait prévues, mais il avait surtout la crainte que l'École ne tombât au pouvoir des ennemis. Plusieurs tentatives faites dans ce but furent repoussées. Elles se reproduisirent le 23 avril, et, malgré la sauvegarde délivrée par le général Baron Sacken, des sol-dats autrichiens en prirent possession sur l'ordre de leurs officiers.

Bientôt ces soldats, auxquels s'étaient adjoints plusieurs habitants du pays, se mirent à saccager les objets de literie et le matériel de plusieurs services. On commença une instruction à cet égard, mais elle n'eut pas de suites.

Pour la reprise des cours, l'École fut ouverte le 15 mai, et le 21 mai, vers dix heures du matin, l'empereur d'Autriche, François II, le prince Schwarzenberg, des seigneurs de la cour et plusieurs officiers vinrent visiter l'École d'Alfort. Après avoir visité l'établissement dans tous ses détails, « l'Empereur a dit les choses les plus flatteuses pour l'École et pour ceux qui mettent tout leur zèle et leurs soins à la faire refleurir et à la rendre de plus en plus digne de son institution ».

Messieurs, J'ai tenu à honneur de vous lire l'histoire authentique de la défense du Pont de Charenton par le bataillon de l'École vétérinaire d'Alfort. A défaut d'autre mérite, cette histoire aura celui de la vérité, car, je le répète, j'ai mis tous mes soins à contrôler et à vérifier les renseignements que j'ai recueillis.

Les élèves de cette École se sont montrés de braves enfants de la France en défendant vaillamment le sol de la patrie!

Sur la demande de M. Marty-Lavaux, une des rues de Charenton porte, déjà depuis plusieurs années, le nom de Jean-Marie Pigeon, en témoignage de la conduite du Bataillon de l'École vétérinaire d'Alfort, lors de la défense du pont de Charenton. Qu'il me soit permis d'adresser à M. Marty-Lavaux tous les remercîments de l'École pour cet hommage mérité rendu à un de ses élèves mort glorieusement à l'ennemi.

Je n'ai plus que quelques mots à dire.

Les élèves de cette École ont eu l'heureuse inspiration, après la terrible guerre de 1870-71, de faire entre eux une souscription pour consacrer par une table de marbre, scellée aux murs de cet amphithéâtre, le souvenir de ceux de leurs camarades qui sont morts, eux aussi, à l'ennemi, pour la défense du pays. Leurs noms méritaient de ne pas être oubliés. Je voudrais qu'une table semblable rappelât également les noms des victimes de la défense du Pont de Charenton, en 1814. Leur gloire est égale et il ne serait que juste qu'elle reçût une égale consécration.

Et maintenant, messieurs, pour rendre hommage à la mémoire du bataillon de l'École de 1814, allons saluer le tombeau de Pigeon!